Francisco

La
Colonia I
para
niños

SELECTOR
actualidad editorial

Doctor Erazo 120
Colonia Doctores   Tel. 55 88 72 72
México 06720, D.F.   Fax 57 61 57 16

LA COLONIA I

Coordinación editorial: Ramón Martínez
Diseño de interiores: Times Editores, S.A. de C.V.
Diseño de portada: Mónica Jácome y Sergio Osorio
Ilustración de interiores: Modesto García y
Times Editores S.A. de C.V.

Copyright © 2001, Selector S.A. de C.V.
Derechos de edición reservados para el mundo

ISBN: 970-643-370-8

Primera edición: Agosto de 2001

sin autorización de los editores.
Impreso y encuadernado en México.
Printed and bound in Mexico

Índice

1. Ángeles y demonios
[9]

2. La llorona
[15]

3. El último emperador azteca
[23]

4. Los dos monjes
[29]

5. Alvar Núñez Cabeza de Vaca
[43]

6. La virgen morena
[49]

7. Tata Vasco
[55]

8. Máquina de ideas
[59]

9. Los libros prohibidos
[67]

10. ¡Piratas!
[79]

11. De chile, dulce y manteca
[93]

12. El mar de Cortés
[97]

13. ¡A la hoguera los herejes! [101]

14. La Nao de China [109]

15. Las leyes de los indios [117]

Apéndice Cronología [119]

Apéndice gobiernos durante la mitad de la colonia [121]

La colonia

Ángeles y demonios

Todas las delicias del cielo, así como los sufrimientos sinfín del infierno están allí, plasmados en un gran manto colorido, desplegado, enorme, frente a la vista atónita de los indios. Las figuras, hermosas y coloridas llenan la superficie tersa del cuadro... ¿quién lo pintó? ¡Los propios ángeles!, dice la leyenda.

En el fondo, en la parte más inferior y oscura de la compleja escena, las almas de los condenados son atormentadas por monstruos de horribles y caprichosas formas. Casi es posible escuchar sus lamentos, sus aullidos de dolor, que se elevan lentamente al cielo, casi saliéndose de la tela, envueltas por los densos humos olorosos a azufre y carne chamuscada.

En la parte media, un ejército de desarrapados marcha cabizbajo y harapiento, arriado por espantosos seres, mitad serpiente, mitad murciélago. Son los idólatras, aquellos pobres hombres que vivieron su vida cometiendo el pecado de adorar a falsos dioses. Van camino al infierno, de donde nunca saldrán.

Un poco más hacia acá, en la parte que corresponde al mundo de los hombres, los ejércitos de Cristo luchan fieramente contra los del Demonio. Se trata de la lucha que los fieles cristianos, comandados por la Iglesia, libran sin cuartel día a día, en todas partes del Mundo... Es curioso: aquellas escenas de metal y sangre, de lanzas, espadas y armaduras, resultan muy parecidas a aquellas otras que estos mismos ojos indígenas pudieron ver, horrorizados, hace algunos años, cuando los ejércitos españoles doblegaron a los indígenas.

La punta de una larga vara, recorre ágilmente de un lado a otro el cuadro; la sujeta una mano delicada, aunque ya muy maltratada por el trabajo rudo; ésta pertenece a un hombre que viste un grosero sayal café y que, con actitud humilde, aunque autoritaria, explica a los indios toda la serie de profundos significados que encierra la escena.

—Éstos —dice— son los hombres necios, los testarudos que no quieren abandonar a los falsos dioses, y que por esa tonta actitud, lo perderán todo, pues Dios, el único Dios, el Dios de los cristianos, es clemente, pero terrible, cuando aplica el castigo.

Hay que temer, hijos, temer y arrepentirse.

La evangelización fue otro de los grandes acontecimientos del siglo XVI. Se inició con la llegada del clero regular, de cuyos pasos quedaron huellas en diversas regiones de nuestro país. Los primeros misioneros fueron los franciscanos, luego llegaron los dominicos, los

agustinos, los jesuitas y más tarde otras corporaciones llamadas congregaciones menores. La fundación de pueblos y misiones trajo consigo el surgimiento de escuelas, monasterios, parroquias, etc. La capacidad racional de los indígenas y el derecho para recibir los sacramentos, tener libertad e instrucción fueron reconocidos por la bula *Sublimis Deus*, expedida en 1537 por el papa Paulo III.

En el siglo XVI se estableció también el clero secular, integrado por obispos, presbíteros o curas, fiscales o alcaldes de doctrina y doctrineros; el primer arzobispo de la Nueva España fue fray Juan de Zumárraga (1546). Su autoridad superó a la del clero regular.

Entre otras instancias, su injerencia se observa en los tribunales del Santo Oficio. Los primeros representantes de la Inquisición llegaron en 1527. Su labor principal era perseguir y procesar a quienes ponían en peligro a la fe (judaizantes, musulmanes, infieles y herejes) y, de acuerdo con la cédula real de 1569, se estableció en las Indias a partir de 1571.

Durante la Colonia y a partir de los reyes católicos, el absolutismo implicó la unidad territorial, política y religiosa en sus dominios. Esta unión debía manifestar el predominio monárquico sobre cualquier institución y, en el caso de la Iglesia, se logró mediante el Real Patronato, es decir, en el reconocimiento o legitimidad que los Papas (1493-1508) habían concedido al poder temporal de los reyes. El Patronato Real hizo de la Iglesia otra rama del gobierno.

La llorona

Consumada la conquista y poco más o menos a mediados del siglo XVI, los vecinos de la ciudad de México que se recogían en sus casas a la hora de la queda, tocada por las campanas de la primera Catedral; a media noche y principalmente cuando había luna, despertaban espantados al oír en la calle, tristes y prolongadísimos gemidos, lanzados por una mujer a quien afligía, sin duda, honda pena moral o tremendo dolor físico.

Las primeras noches, los vecinos contentábanse con persignarse o santiguarse, que aquellos lúgubres gemidos eran, según ellos, de ánima del otro mundo; pero fueron tantos y repetidos y se prolongaron por tanto tiempo, que algunos osados y despreocupados, quisieron cerciorarse con sus propios ojos qué era aquello; y primero desde las puertas entornadas, de las ventanas o balcones, y enseguida atreviéndose a salir por las calles, lograron ver a la que, en el silencio de las obscuras noches o en aquellas en que la luz pálida y transparente de la luna caía como un manto vaporoso sobre las altas torres, los techos y tejados y las calles, lanzaba agudos y tristísimos gemidos.

La colonia

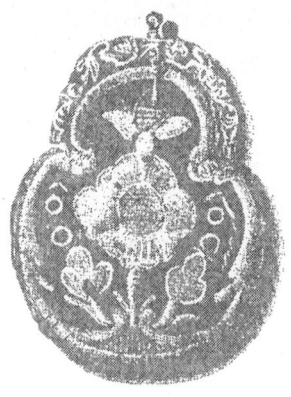

Vestía la mujer traje blanquísimo, y blanco y espeso velo cubría su rostro. Con lentos y callados pasos recorría muchas calles de la ciudad dormida, cada noche distintas, aunque sin faltar una sola, a la Plaza Mayor, donde vuelto el velado rostro hacia el oriente, hincada de rodillas, daba el último angustioso y languidísimo lamento; puesta en pie, continuaba con el paso lento y pausado hacia el mismo rumbo, al llegar a orillas del salobre lago, que en ese tiempo penetraba dentro de algunos barrios, como una sombra se desvanecía.

«La hora avanzada de la noche, —dice el Dr. José María Marroquí— el silencio y la soledad de las calles y plazas, el traje, el aire, el pausado andar de aquella mujer misteriosa y, sobre todo, lo penetrante, agudo y prolongado de su gemido, que daba siempre cayendo en tierra de rodillas, formaba un conjunto que aterro-

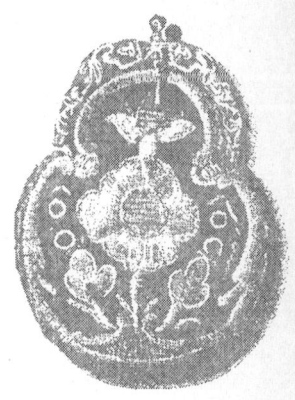

rizaba a cuantos la veían y oían, y no pocos de los conquistadores valerosos y esforzados, que habían sido espanto de la misma muerte, quedaban en presencia de aquella mujer, mudos, pálidos y fríos, como de mármol. Los más animosos apenas se atrevían a seguirla a larga distancia, aprovechando la claridad de la luna, sin lograr otra cosa que verla desaparecer en llegando al lago, como si se sumergiera entre las aguas, y no pudiéndose averiguar más de ella, e ignorándose quién era, de dónde venía y a dónde iba, se le dio el nombre de *La Llorona*.»

Tal es en pocas palabras la genuina tradición popular que durante más de tres centurias quedó grabada en la memoria de los habitantes de la ciudad de México y que ha ido borrándose a medida que la sencillez de nuestras costumbres y el candor de la mujer mexicana han ido perdiéndose.

Pero olvidada o casi desaparecida, la conseja de La Llorona es antiquísima y se generalizó en muchos lugares de nuestro país, transformada o asociándola a crímenes pasionales, y aquella vagadora y

La colonia

blanca sombra de mujer, parecía gozar del don de ubicuidad, pues recorría caminos, penetraba por las aldeas, pueblos y ciudades, se hundía en las aguas de los lagos, vadeaba ríos, subía a las cimas en donde se encontraban cruces, para llorar al pie de ellas o se desvanecía al entrar en las grutas o al acercarse a las tapias de un cementerio.

La tradición de *La Llorona* tiene sus raíces en la mitología de los antiguos mexicanos. Sahagún en su *Historia* (libro 1º, Cap. IV), habla de la diosa Cihuacoatl, la cual «aparecía muchas veces como una señora compuesta con unos atavíos como se usan en Palacio; decían también que de noche voceaba y bramaba en

el aire... Los atavíos con que esta mujer aparecía eran blancos, y los cabellos los tocaba de manera, que tenía como unos cornezuelos cruzados sobre la frente». El mismo Sahagún (Lib. XI), refiere que entre muchos augurios o señales con que se anunció la Conquista de los españoles, el sexto pronóstico fue «que de noche se oyeran voces muchas veces como de una mujer que angustiada y con lloró decía: «¡Oh, hijos míos!, ¿dónde os llevaré para que no os acabéis de perder?».

La tradición es, por consiguiente, remotísima; persistía a la llegada de los castellanos conquistadores y tomada ya la ciudad azteca por ellos y muerta años después doña Marina, o sea la Malinche, contaban que ésta era *La Llorona*, la cual venía a penar del otro mundo por haber traicionado a los indios de su raza, ayudando a los extranjeros para que los sojuzgasen.

«*La Llorona* —cuenta D. José María Roa Bárcena—, era a veces una joven enamorada, que había muerto en vísperas de casarse y traía al novio la corona de rosas blancas que no llegó a ceñírse; era otras veces la viuda que veía a llorar a sus tiernos huérfanos; ya la esposa muerta

en ausencia del marido a quien venía a traer el ósculo de despedida que no pudo darle en su agonía; ya la desgraciada mujer, vilmente asesinada por el celoso cónyuge, que se aparecía para lamentar su fin desgraciado y protestar su inocencia.»

Poco a poco, al través de los tiempos la vieja tradición de *La Llorona* ha ido, como decíamos, borrándose del recuerdo popular. Sólo queda memoria de ella en los fastos mitológicos de los aztecas, en las páginas de antiguas crónicas, en los pueblecillos lejanos, o en los labios de las viejas abuelitas, que intentan asustar a sus inocentes nietezuelos, diciéndoles: ¡Ahí viene *La Llorona*!

Pero *La Llorona* se va, porque los niños de hoy no se espantan con los fantasmas del pasado y se encaran muchas veces con las realidades del presente.

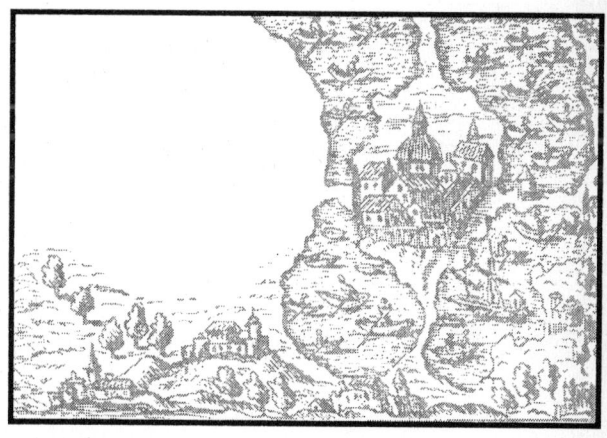

El último emperador azteca

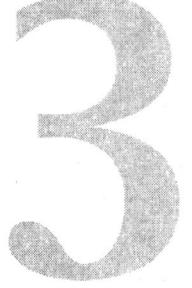

Cuauhtémoc, último tlatoani azteca, fue hijo de Ahuízotl, octavo tlatoani de México. Su nombre significa «águila que desciende» y proviene del náhuatl *cuauhtli*, águila y *temoc*, que baja. Se señala como fecha de su probable nacimiento el año de 1502.

Al morir Ahuízotl, Cuauhtémoc quedó huérfano, por lo que su madre tuvo que hacerse cargo de su educación. El *Códice Mendocino* refiere que des-

de los tres años, al varón mexica se le enseñaba la obediencia, la laboriosidad, la devoción a los dioses y la sobriedad. Al cumplir los 15 años, todo noble mexica debía ingresar al Calmécac, donde se le disciplinaba y educaba en las ciencias, las artes y, sobre todo, en los misterios de la religión. En este colegio y monasterio se preparaba a los jóvenes mediante el estudio de las ciencias políticas de mando, el arte de la guerra, historia, astronomía, en resumen, trataba de una institución dedicada a formar verdaderos gobernantes.

En la época del emperador Moctezuma II, Cuauhtémoc participó con el ejército mexica en sus incursiones por el sur del territorio imperial y en las guerras floridas en Tlaxcala, y alcanzó el grado de tlacatecuhtli: jefe supremo.

La colonia

En 1519 desembarcan en Veracruz las huestes españolas al mando de Hernán Cortés, iniciándose así la conquista del imperio mexica. Cortés, pronto comenzó a adentrarse en los problemas de los pueblos dominados por los mexicas y supo canalizar su descontento, multiplicando sus tropas con la ayuda de los indígenas que se rebelaron contra la hegemonía azteca. Finalmente, en 1520 se encontrarían Moctezuma y Hernán Cortés en la gran Tenochtitlán.

El 20 de mayo de ese mismo año, Cortés partió hacia Cempoala para detener a Pánfilo de Narváez, situación que aprovechó el capitán Pedro de Alvarado para asesinar, en junio, a los nobles reunidos en el Templo Mayor. En respuesta a esa agresión, los aztecas se sublevaron y atacaron a los españoles, iniciándose una contienda que terminó con el sitio al ejército invasor.

Enterado de la lucha, Cuauhtémoc, avanzó con su ejército desde Tlatelolco hacia Tenochtitlán. Por esto, Cortés pidió a Moctezuma que calmara los ánimos de su pueblo. Cuando Moctezuma salió a tratar de controlar la ira de su gente, fue víctima de un atentado al recibir una pedrada en la cabeza que lo hirió de muerte, falleciendo pocos días después. Los españoles decidieron salir de la ciudad, pero en su huida fueron descubiertos por los mexicas, quienes les inflingieron una derrota. A este suceso se le conoce como la «Noche Triste». Para reponerse de ese revés, se dirigieron hacia Tlaxcala para reorganizar sus fuerzas y atacar de nuevo la ciudad de Tenochtitlán.

Muerto Moctezuma, el Consejo indígena eligió a Cuitláhuac, hermano del gran tlatoani, como su sucesor, sin embargo, su mandato fue muy breve, ya que la viruela —que trajeron de Europa los españoles— acabó con su vida. Cuauhtémoc sucedió a Cuitláhuac y organizó a su ejército previendo una nueva incursión de los invasores hacia la ciudad, la cual, sitiada, defendió con sus hombres durante 75 días, hasta que fue tomada por los conquistadores el 13 de agosto de 1521. Cuauhtémoc, deseoso de obtener una victoria que le permitiera seguir luchando por su pueblo intentó —en el islote de Tlatelolco— reagrupar a su gente, pero fracasó en su esfuerzo por lograrlo y fue hecho prisionero y conducido ante Hernán Cortés. Este lo mantuvo prisionero en Coyoacán y codicioso de riquezas ordenó que lo torturaran para que le revelara en dónde tenía escondido el tesoro de Moctezuma. Su proceder fue en vano, ya que Cuauhtémoc soportó estoicamente el cruel tormento.

En 1524 Cortés tuvo que partir a Las Hibueras —hoy Honduras— para aplacar el levantamiento de Cristóbal de Olid, llevándose a Cuauhtémoc como prisionero para impedir que organizara una rebelión. El día 28 de febrero de 1525, por temor a una posible conjura de Cuauhtémoc, Cortés lo mandó asesinar, probablemente en Xicalanco.

Cuauhtémoc es un verdadero ejemplo del ideal del guerrero mexica, cuyo carácter estaba lleno de valentía y heroísmo, que prefirió la muerte a entregar a su pueblo a los conquistadores. México recuerda la grandeza de su héroe y lo coloca como un ejemplo a la juventud. Cuauhtémoc peleó hasta el final y es símbolo de la lucha del pueblo mexicano por la defensa de su identidad, sus creencias y su honor.

Los dos monjes

4

La capital de la Nueva España, naciente aún sobre los escombros de la gran Tenochtitlán, circuida por los restos de una raza que fuera la dominadora absoluta de todos los más pomposos cacicazgos y señoríos de la Mesa que se levanta sobre las gradas ciclópeas de la Sierra Madre, entre la majestad eterna del Atlántico y del Pacífico, nace con una vida bárbara de tiranías y crápula, fustigada duramente por la insaciable ambición de los nuevos aventureros españoles. Es aún la época nefanda de la primera Audiencia.

El sátrapa Nuño de Guzmán hállase entronizado soberbiamente en su palacio, de donde surgen los rayos aniquiladores de su ferocidad sin límites...

Y en torno suyo, por las toscas galerías de su mansión feudal y bandoleresca, discurren sus mismos amigos que antes lo fueran de los gobernadores, a quienes encomendó Hernán Cortés al mando y la verdadera capitanía del reino, —y discurren sombríos, meditando intrigas, combinando planes truhanescos y traidoras artimañas para acrecentar de un solo golpe sus ya muy crecidos y envidiables capitales.

La corte de aquel famoso y tristemente célebre don Nuño de Guzmán conspira contra su amo y señor, no sin divertirse holgadamente en suntuosas bacanales donde el vino decomisado a los rapaces mercaderes corre y se derrama por doquie-

La colonia

ra, escanciándose en las copas recién llegadas de España.

Abajo, protesta inútilmente el vecindario español compuesto de las familias de los viejos conquistadores... y vese que atribuladas, bejadas y escupidas por los magnates que les envía la madre patria, emigran rumbo a las regiones desconocidas del Norte o del Sur, en busca de más sólidas riquezas y de menos inquietud para disfrutarlas.

Los mismos encomenderos protestan contra la crueldad de los oidores que se han enseñoreado ferozmente del nuevo reino... y lo más triste, lo más abominable, el sarcasmo más grande que echan sobre el pueblo español que adora a Cortés, fue la injuria constantemente arrojada a la memoria del conquistador, al que se le hacen los más terribles cargos de villanías sin nombre y de los más inauditos crímenes.

En vano viejos y muy fieles amigos lo defienden con tenacidad —¡inútil empeño!— la turba de aventureros llegados a la hora en que

ya estaba servida la mesa, los vence, los acorrala y obliga al silencio tristísimo de los vencidos.

Y los que con suma audacia arrostraron los peligros y las duras fatigas de la conquista, los que lucharon años y años contra las legiones y las tribus del nuevo mundo, sintieron melancolía profunda y angustia y vergüenza al mirarse despreciados por gente canalla y cobarde, pero villanamente astuta que les arrebataba lo que habían adquirido con su espada.

Mas no todos se resignaban tan fácilmente a su papel de víctimas; había algunos que protestaban con valor y energía, y en las encrucijadas de las sucias callejuelas, en las plazas, frente al palacio de Nuño de Guzmán, al borde de los canales, sobre los puentes y aún dentro del mismo sagrado recinto de los templos, sucedíanse entre antiguos y nuevos aventureros lances trágicos de estocadas mortales.

Mujeres aventureras, hermosas y provocativas, llegaban

de Veracruz a donde las arrojaban los bergantines españoles, entre los ganados de cerdos, corderos y reses, barriles de vino y sacos de semillas... Y a cada descarga de tan ricos efectos correspondían en la capital de la Nueva España, tumultuosas orgías en que el vino y la sangre española se confundían, mezclándose a la púrpura alegre y vivida, el escarlata sombrío y trágico.

Cuentan las crónicas de aquellos tiempos, en varias y muy diversas leyendas, que súbitamente aparecieron en Mextitlán, —como llamaban a su capital— dos raros monjes negros que llegaban tras larga peregrinación de la misma Jerusalén Santa, trayendo un trozo de la cruz del Nazareno y muy santas reliquias de santos y mártires cristianos, amén de la bendición papal para los que besaran sus negras y raras túnicas.

Acompañábanles un noble y distinguido caballero, rubio, alto, majestuoso y fuerte, portando larga tizona con empuñadura regiamente exornada de oro y piedras finas, joyel rico,

jubón obscuro y ancho sombrero de larga y rica pluma negra... todo un traje anticuado ya para la época, pero de nobilísima y severa distinción. Sus ojos de azul sombrío destellaban fulgores insostenibles y todos su porte era gentil como el de un gran príncipe... ¡Era él la única escolta de los extraños monjes!

Fue un día lluvioso y frío cuando llegaron a los puentes de la capital de la Nueva España, estos sobre mansas mulas, el noble caballero sobre corcel árabe.

Se hospedaron en el barrio indígena, entre las ruinas de un antiguo teocalli...

¿Quiénes eran aquellos misteriosos personajes, esos dos monjes de raros hábitos obscuros y aquel caballero de tan noble aspecto? ¿Qué pretendían?

Estas preguntas se hizo el vecindario poderoso y la población humilde, sin poder contestárselas nunca... ¡Misterio!

En vano el clero ofreció a los monjes asilo en sus conventos y en vano al caballero los más encumbrados próceres, desde Nuño de Guzmán, brindáronle con sus magníficos palacios.

No aceptaron, tan sólo movieron lentamente la cabeza y dando la espalda fuéronse allá muy lejos, pasando por los puentes que comunicaban la ciudad española con la azteca.

¡Ni una sola palabra habían pronunciado tan misteriosos huéspedes!

Una efervescencia espantosa hubo por doquiera ante aquellos monjes negros que atravesaban tranquilamente las sucias calles de la ciudad... y fue lo más extraño al ver que en las noches, uno de los monjes tornaba su manto negro por otro blanco, un blanco bellísimo, de fina seda que a la luz de la luna relampagueaba reflejos tiernos y delicados... Y era que  el monje de hábito blanco predicaba sobre una canoa al pueblo indio; pero como arrojara hacia la espalda el capuchón, descubría un rostro blanquísimo, imberbe, coronado con un haz de cabellos rubios, ensortijados y cortos.

La voz del monje blanco era de un timbre exquisito y delicioso, una voz arcangélica de acento dulce y timbre argentino... Mas he aquí que lo más extraña era que la cascada límpida y sonora de sus frases

era en el verbo mexicano, y la inflexión azteca, dulce y triste, resonaba profundamente en el silencio de la noche ante las muchedumbres de indígenas empobrecidos, miserables y enfermos que escuchaban enternecidos el evangelio de amor y paz que brotaba de la divina y extraña visión blanca de voz musical y enternecedora.

Cuando Nuño de Guzmán y el Obispo Zumárraga se acercaron a los monjes, el de más alta talla, respondió con voz de anciano, venerable y lenta, que traían autorización del Santo Padre —y la presentó— suplicando que no se les molestase más.

Y como efectivamente irradió el documento auténtico, atravesado por una astilla sagrada de la verdadera Cruz en que expiró el Mesías en el sangriento Gólgota, todos se retiraron, después de haberse humillado ante los portadores de la augusta reliquia.

Y siguieron los monjes su predicación de día ante el vecindario hispano, peor el monje negro de voz cascada, grave y profunda, amonestándoles sobre las luchas de la conquista, inspirándoles paz y amor, así como hermandad y afecto hacia los pueblos que debían, sin explotárseles, ser evangelizados; y de noche, en la ciudad azteca por el monje que a esas horas tornaba su hábito negro en blanco, hablando en mexicano puro con su voz argentina y dulce, a los hijos de la raza vencida, del nuevo Dios soberano y tremendo, misericordioso y amante de sus hijos, predicándoles el Evangelio y el amor a la Madre del Perdón, a la Consoladora de los afligidos, a la Santa y Divina María.

Y aparte de aquel cambio en el manto del monje nocturno, una de sus más extrañas manifestaciones era la del velo que en el día cubría su rostro, no sin que por ello dejara de llevar de la mano a su compañero el monje negro, en tanto que el noble y alto personaje rubio que los escoltaba siempre, la mano en el pomo de la espada, seguíales mudo y triste; acaso más enigmático y misterioso...

Allá al Sur de la ciudad, delante de la aún suntuosa Co-

yoacán, entre ásperos montículos existía una gruta abandonada: la gruta de la matanza, llamada así porque en ella, durante el sitio de México, Sandoval pasó a cuchillo a una multitud de mujeres. ¡Y se decía que sus sombras airadas surgían de la gruta aullando lúgubremente, lanzadas al espacio en forma de tecolotes!

Y eran tan siniestras las fábulas que se referían de aquel sitio de la muerte, que ningún español ni indio se atrevió a penetrar en él.

Brillaban entonces en la roja lumbrada de las orgías dos audaces aventureros que regresaban de una feliz expedición hacia Occidente, trayendo oro y piedras preciosas en grandes cantidades. Ellos fueron los que se encargaron de hacer la luz en semejante misterio, jurando ante el Presidente de la Audiencia don Nuño de Guzmán:

—¡Vivos y atravesados con espinas sobre un nopal, traeremos a los monjes, sin son el diablo!

—¿Y si no? —preguntó socarronamente don Nuño.

—Entonces, serán santos, y nosotros seremos los que vivos tendremos que aparecer sobre el nopal!

Y fue el caso —refiere la leyenda— que al siguiente día, sobre robusto y alto nopal, prendidos como enormes mariposas, aullando desesperadamente, encontráronse a los audaces aventureros, quienes al ser bañados del suplicio, murieron instantáneamente.

¿Qué había pasado?

Ninguno lo supo entonces. Los monjes siguieron evangelizando, fuéronse hacia el Sur, y en las profundidades de la América Meridional se perdieron para siempre...

¡Sombríos y misteriosos evangelistas!, quién había de decir que fuérais, según lo refirió más tarde un descendiente vuestro, dos hijos de emperadores y reyes, de una de las ramas bastardas de los Médicis, de esos altaneros y lúgubres señores que arrastraron tantas púrpuras triunfales y malditas...

Dos gemelos, doncella y doncel, en el fondo de un palacio de Nápoles saben que son nietos de grandes criminales, entran respectivamente en dos conventos hasta que una noche sueñan por igual modo ser los redentores de los crímenes de sus antepasados.

Abandonan el convento, se unen, van a Roma, hablan con el Papa prometiendo dar su vida en aras de la fe de los gentiles del Nuevo Mundo... Un señor germano abandona su burg del Rhin, enamorado de la bella italiana, pidiéndole amor.

—¡Seré tu esposa después de que seas mi caballero a través de todo el Nuevo Mundo! —contestó la mística y bella hija de los Médicis. Acompáñame a borrar los crímenes de mis abuelos, Dios nos unirá cuando nuestra misión esté cumplida.

Vistiéndose los hermanos raros hábitos negros, él descubriendo el rostro, ella cubriéndolo con una careta en forma de larguísimo velo oriental. En las playas del Golfo llamaron a los sacerdotes de la tribus vagabundas, y aprendieron el idioma náhuatl y supieron la ignominia que sobre los pueblos del

Anáhuac pesaba. Y he aquí que aquellos misioneros de paz, luz y consuelo, los dos monjes escoltados por el alto y taciturno caballero germano, llegaron un día a Mextitlán... y allí fue donde sembraron el bien, iluminando con un 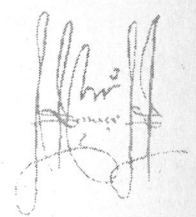 relámpago de ventura la noche sin aurora de la decadencia azteca.

No sólo vertieron el consuelo con su palabra sobre el indio esclavizado en las encomiendas abominables, sino que llovía el bienestar con el dinero que prodigaban, y fueron a su paso edificando capillas y dejando reguero de oro tras su marcha seráfica...

¿De dónde lo conseguían?

Dizque viejos caciques se lo daban, cediéndoles los tesoros de las razas muertas! ¡Y también se refería que los mismos culpables aventureros españoles, conmovidos y humillados por la dulce palabra de la santa misionera, al pedirles reparación por sus faltas, entregábales cuantiosas riquezas, bendiciendo al Señor!

¡Los tres se perdieron en las vastas y profundas regiones del Sur!...

Y sólo se supo también que aquella noche en que los audaces aventureros juraron descubrir el misterio de los monjes... encontraron aquello desierto el dintel; pe-

netraron tocando ante macizo portón; abrióse éste y cuando con espada en mano, a la luz de una antorcha que portaba un criado, vieron en vez del monje blanco o negro a una regia mujer ricamente vestida, hermosísima, de cortos cabellos dorados se sintieron fascinados... Quisieron ir hacia ella más atrevidos que nunca; pero la augusta princesa se internó al fondo de la grupa capilla, al pie de un Cristo negro... y delante de la bella blanca, al pie de la Cruz negra, cayeron para despertar ignominiosamente sujetos al vil nopal.

Mas no es ésta la única leyenda sobre los monjes misteriosos... otras hay que por el contrario llámanles demonios de perdición, afirmando que el de la túnica blanca y la voz dulce fue impura ramera que de aventura en aventura hízose riquísima princesa... ¿Quién sabe?... Cierta o fantástica, es digna de referirse la leyenda de los monjes.

Alvar Núñez Cabeza de Vaca

Alvar Núñez Cabeza de Vaca nace y muere en España de 1490 a 1557. En 1527 participó con el cargo de tesorero, en una expedición a la Florida dirigida por Pánfilo de Narváez, con quien recorrió la costa norte del Golfo de México. Sin embargo la embarcación naufraga en las cercanías del río Mississipi y sólo cuatro personas, incluyéndose él, sobrevivieron.

A lo largo de un año recorrieron el norte del país desde

Texas hasta Sinaloa. En 1536 fueron encontrados por tropas españolas destacadas en Culiacán y remitidos a la Ciudad de México.

Cabeza de Vaca escribe una crónica donde relata su viaje, ésta se titula *Naufragio de Alvar Núñez Cabeza de Vaca y relación a la jornada que hizo a la Florida con el adelantado Pánfilo de Narváez* (1542). Obra conocida simplemente con el nombre de Naufragios.

Entre 1541 y 1542 encabezó una expedición hacia Río de la Plata y Paraguay, de donde fue gobernador (1542-1544). Destituido fue llevado a España y estuvo preso hasta 1546.

Cronología

1507. Nacimiento en Jerez de la Frontera, nieto de Pedro de Vera, conquistador de la Gran Canaria.

1527. Parte de San Lucas de Barraneda rumbo a la Florida (17 de Junio), en la infausta expedición de Pánfilo de Narváez. Tras la muerte de éste en

las costas de Texas en 1528, comienza la larga aventura. Durante 8 años de supervivencia a lo ancho del continente, desde el golfo de México hasta Arizona, muy al norte del Río Grande, regresa a tierra colonizada por las orillas del Mar de Cortés, en el pacífico. Esa aventura es la materia de su libro «naufragio y comentarios»

1537. Establecimiento en México.

1540. Regresa a España y capitula reales para una expedición al Río Paraná tras las huellas de Pedro de Mendoza.
   Nombramiento condicional de adelantado del Río de la Plata y derecho al diezmo de aquellos territorios.
   Partida desde Cádiz hacia la América Austral, con tres naves y cuatrocientos hombres como tripulación.

1542. Descubrimiento de las cataratas del Iguazú y llegada a Ascención (2 de Marzo). Fundación de la

Ciudad de los Reyes, en tierra de indígenas guaraníes.

1543. Expediciones al Chaco; la segundas al mando de Hernando de Ribera, difundió al volver una meta soñada: El Dorado y la leyenda de las Amazonas.

1544. Regreso a Ascención (25 de Abril) y derrocamiento de su gobierno a causa de su mala política indigenista y su autoritarismo personalista.

1546. Juzgado en España por el Consejo de Indias, es desterrado a Orán; hasta su amnistía por Felipe II, quien lo nombró para tribunal supremo en Sevilla.

Murió allí en 1559, siendo prior de un convento.

La virgen morena

Un humilde pastor o vaquero, vecino de Cáceres, que en el siglo XVI fue nominado Gil de Santa María (mucha hidalguía por entonces) y más tarde, en el siglo XVIII, Gil Cordero (muy apropiado en Extremadura), encontró muerta a una de sus vacas. Cuando se disponía a recuperar su piel, y comenzaba a practicarle unas incisiones en forma de cruz con el cuchillo, la vaca resucitó y, en ese preciso instante, se apareció la Virgen María quien le habló con una voz que sólo podía venir de un celestial sonido:

«No temas que soy la Madre de Dios, salvador de linaje humano; toma tu vaca y llévala al hato con las otras, y vete luego para tu tierra, y dirás a los clérigos lo que has visto y decirles has de mi parte que te envío yo para allá, y que vengan a este lugar donde estás ahora, y que caven donde estaba tu vaca muerta. Debajo de esas piedras; y hallarán ende una imagen mía. Y cuando la sacaren, diles que no la muden ni lleven de este lugar donde ahora está; mas que hagan una casilla en la que la pongan. Cada tiempo vendrá en que en este lugar se haga una iglesia y una casa muy notable y pueblo asaz grande».

La colonia

Tras estas palabras la Virgen desapareció y el pastor marchó hacia Cáceres para avisar al clero. Cuando llegó a su casa, un hijo acababa de fallecer. Invocó a la Virgen y el hijo resucitó. Este prodigio convenció a los clérigos sobre la verdad de la aparición y todos se dirigieron al lugar del milagroso suceso, excavaron entre las rocas y hallaron la imagen y una serie de documentos que atestiguaban su procedencia.

Allí mismo se construyó la primera ermita y el lugar se convirtió en centro de peregrinación. Y esta fue la versión popular y romántica, la leyenda del origen del santuario, que en los siglos XIV, XV y XVI fue recogida por los monjes en diversos códices. Así, con Gil Cordero y su familia, comenzó la historia de Guadalupe, existe, en el enterramiento del vaquero, una lápida funeraria de cerámica del siglo XVIII que reza:

Hic Jacet
Don Gil de Santa María de Guadalupe,
a quien se aparezio esta Santa Ymagen.
Fue natural de la Villa de Cazeres.

La leyenda pertenece al periodo de «apariciones a pastores» tan característico de los siglos XI al XV de la iconología mariana española, y que se ha repetido.

A diez años de la toma de la ciudad de Tenochtitlán, actual ciudad de México, el 9 de diciembre, un indígena llamado Juan Diego, atravesaba un cerro, llamado Tepeyac, para ir a Tlatelolco y oír la doctrina. Al escuchar bellos cantos de aves, se hace presente la Madre de Dios. Solicita que en dicho lugar se le construya un templo y le indica que vaya a ver a Juan de Zumárraga, primer Obispo de la región. Tanto éste como sus ayudantes, no creen el relato del azteca.

Regresa al Tepeyac para renunciar a la tarea encomendada. La Virgen se le vuelve a aparecer y, ante la humilde protesta de Juan Diego, repite su enco-

mienda. El indígena obedece, pero tampoco tiene éxito esta ocasión. Frente a su insistencia, el Obispo pide que la Celestial Señora manifieste su presencia con una prueba y ordena además a sus criados que lo sigan para corroborar la historia.

Cuando Juan Diego llega al Tepeyac, inexplicablemente desaparece y se pierde de la vista de los españoles. Mientras tanto, la Virgen habla una vez más con el vidente y le indica que regrese al día siguiente para entregar la prueba a Zumárraga.

El indígena vivía con su tío Bernardino, quien se encontraba sumamente enfermo. Por lo mismo, en la madrugada del martes 12 de diciembre, prefiere buscar un sacerdote que pudiera dar auxilios espirituales a su familiar. A pesar de que trata de evitar a

la Señora, Ella lo reencuentra y le ofrece un mensaje de fe y esperanza. Ratifica su celestial origen y la petición de construir el templo, con una bellísima misiva de paz y ayuda para todo el mundo. Propone que suba al monte para entregarle la señal demandada. Allí encuentra Juan Diego todas las piedras florecidas a pesar de la escarcha invernal. Las recoge y las pone en su tilma. Después que la Virgen las toca, va al obispado y las entrega a Zumárraga. Entonces se revela, estampada en la burda tela, la preciosa imagen de la Virgen de Guadalupe. Simultáneamente se aparece al tío Bernardino, con la misma figura que se aprecia en la tilma, para curarlo al instante y decirle que es Guadalupe, la Perfecta y siempre Virgen, Madre del Verdaderísimo Dios, Aquel por Quien se Vive.

La imagen original, completa, intacta y sin añadiduras, se encuentra en la actualidad en el Santuario del Tepeyac, donde asisten millones de peregrinos de todo el mundo para rezar y solicitar intermediación de favores del Padre Celestial. Su mensaje le confiere ser la primera y más importante evangelizadora en el Nuevo Mundo.

Tata Vasco

Oidor y obispo de Michoacán nació en Madrigal de las Altas Torres, Avila, España. Fue juez de comisión en Valladolid y fue nombrado oidor de la Nueva España. Existen dudas acerca del lugar donde Quiroga realizó sus estudios, pero la mayoría de los historiadores suponen que fue en Salamanca, donde hizo la carrera de abogado, misma que concluyó en 1515.

En 1530 el licenciado Quiroga desempeñaba una comi-

sión en Murcia cuando recibió una comunicación del monarca designándolo miembro de la Audiencia de México, por recomendación del arzobispo de Santiago, Juan Tavera y los miembros del Consejo de Indias, pues la empresa colonizadora de México había hecho crisis por las iniquidades de la primera Audiencia.

Llegó a México en enero de 1531 y desempeñó ejemplarmente su misión junto con Ramírez de Fuenleal y otros tres oidores. Su primera medida fue abrir juicio de residencia contra Nuño Beltrán de Guzmán, Juan Ortiz de Matienzo y Diego Delgadillo, antiguos oidores, resultando que los culpables fueron devueltos a España. El mal trato que habían dado a los indígenas y sobre todo el asesinato del jefe de los tarascos perpetrado por Nuño de Guzmán, habían provocado la rebelión de los michoacanos.

Fue el visitador y pacificador de Michoacán, Quiroga, el primero que se interesó por la situación social y religiosa de los vencidos. Intentó la fundación de Granada. Fue fundador de los Hospitales de Santa Fe de México y Santa Fe de la laguna en Uayámeo a la orilla del lago de Pátzcuaro, a los que llamaban hospital —pueblo y que eran instituciones de vida comunitaria, ideas que tomó de su formación humanística, que incluía ideas de Tomás Moro, San Ignacio de Loyola, Platón y Luciano.

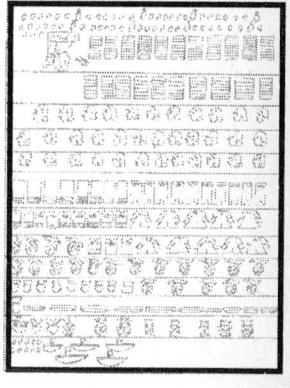

De la magistratura pasó al sacerdocio y fue consagrado por fray Juan de Zumárraga, entonces obispo de Michoacán. Carlos V había prohibido a sus súbditos que esclavizasen a los indios pero en 1534 derogó tal disposición. Al saberlo, Quiroga envió al monarca su célebre Información en derecho (1535), en la que condena enérgicamente a los encomenderos, hombres perversos quienes no conviene que los nativos «sean tenidos por hombres sino por bestias» y defiende apasionadamente a los indios, que no merecen perder la libertad.

En 1537, Quiroga fue nombrado obispo de Michoacán, en un sólo acto donde recibió todas las órdenes sacerdotales. Participó, ya en calidad de obispo, en la construcción de la catedral de Morelia.

Formó allí «un género de cristianos, a las derechas como iglesia primitiva». Urbanizó muchas poblaciones, principalmente la ciudad de Michoacán, concentrando sus principales barrios en el de Pátzcuaro, los cuales proveyó de hospitales e industrias, para las cuales instruyó a los indígenas.

Su recuerdo en Michoacán es imperecedero, donde todavía, al referirse a él, se le llama «Tata Vasco». Murió en Uruapan en 1565 y sus restos fueron enterrados en la catedral.

Máquina de ideas

El establecimiento de la imprenta en México significó una empresa necesaria e indispensable para la divulgación del pensamiento occidental cristiano. Exigió la conjunción de diversos elementos engranados en un mismo ideal: tomar en cuenta el significado del riesgo de una inversión a largo plazo y el de sortear con tenacidad y empeño otras múltiples dificultades.

Como figuras centrales, patrocinadores e impulsores de la

imprenta en nuestro país, tenemos a fray Juan de Zumárraga, primer obispo de México y a don Antonio de Mendoza, primer virrey de la Nueva España.

Como actores principales de la empresa figuran Juan Cromberger, impresor alemán establecido en Sevilla, dueño de una prestigiosa casa editora con capital para establecer una filial en la Nueva España y a Juan Pablos, oficial del taller de Cromberger, a quien como copista o componedor de letras de molde se le tuvo la confianza para fundar la imprenta, y a quien también le convino o le atrajo la idea de trasladarse al nuevo continente para establecer el taller de su patrón.

Recibió a cambio un contrato por diez años, la quinta parte de las ganancias por su trabajo y los servicios de su mujer, después de restar los gastos de traslado y del establecimiento de la imprenta en la Ciudad de México.

Juan Pablos recibió de Juan Cromberger 120 000 maravedíes destinados tanto a la compra de la prensa, tinta, papel y otros aparejos, como a los gastos del viaje que emprendería con su mujer y dos acompañantes más.

El costo total de la empresa fue de 195 000 maravedíes o sea de 520 ducados. Juan Pablos, de origen italiano cuyo nombre, Giovanni Paoli, conocemos ya castellanizado, llegó a la Ciudad de México junto con su esposa Gerónima Gutiérrez, entre septiembre y octubre de 1539. Venían también con él Gil Barbero, prensista de oficio, así como un esclavo negro. Con el apoyo de sus patrocinadores, Juan Pablos estableció el taller «Casa de Juan Cromberger» en la Casa de las Campanas, propia del obispo Zumárraga, ubicada en la esquina suroeste de las calles de Moneda y cerrada de Santa Teresa la Antigua, hoy licenciado Verdad, frente al costado del exarzobispado. El taller abrió sus puertas hacia abril de 1540, siendo regidora de la casa sin llevar salario, sólo su mantenimiento, Gerónima Gutiérrez.

Juan Pablos, el Gutemberg de América

En 1548 Juan Pablos editó las Ordenanzas y compilación de leyes, utilizando en la portada el escudo de armas del emperador Carlos V y en las diversas ediciones de la doctrina cristiana, el escudo de los dominicos. En todas las ediciones realizadas hasta 1553, Juan Pablos se apegó al uso de la letra gótica y de los grandes grabados heráldicos en las portadas, característicos de los libros españoles de ese mismo período.

La segunda etapa de Juan Pablos, con Espinosa a su lado (1553-

Aquí fue preso el Rey Quauhtemoc

La colonia

1560) fue breve y próspera, y trajo como consecuencia que se le disputase la exclusividad de tener la única imprenta en México. Ya en octubre de 1558 el rey concedió precisamente a Espinosa, junto con otros tres oficiales de imprenta, la autorización para tener negocio propio.

De este período, incluso, se pueden citar varias obras de fray Alonso de la Veracruz: *Dialéctica resolutio cum textu Aristótelis* y la *Recognitio Summularum*, ambas de 1554; la *Physica speculatio, accessit compendium sphaerae compani* de 1557, y *Speculum coniugiorum* del 1559. De fray Alonso de Molina el *Vocabulario en lengua castellana y mexicana* apareció en 1555, y de fray Maturino Gilberti el *Diálogo de la doctrina cristiana en lengua de Michoacán*, publicado en 1559.

Estas obras se encuentran en el acervo custodiado por la Biblioteca Nacional

Aqui fue preso el Rey Quauhtemoc

de México. El último impreso de Juan Pablos fue el *Manual Sacramentorum*, aparecido en julio de 1560. La casa impresora cerró sus puertas ese año, pues se cree que el lombardo murió entre los meses de julio y agosto. Y en 1563 su viuda arrendó la imprenta a Pedro Ocharte casado con María de Figueroa, hija de Juan Pablos.

Son atribuibles a la primera etapa de la imprenta teniendo como editores a Cromberger y a Juan Pablos, 35 títulos de los supuestos 308 y 320 que se imprimieron en el siglo XVI, indicativos del auge que tuvo la imprenta en la segunda mitad del siglo.

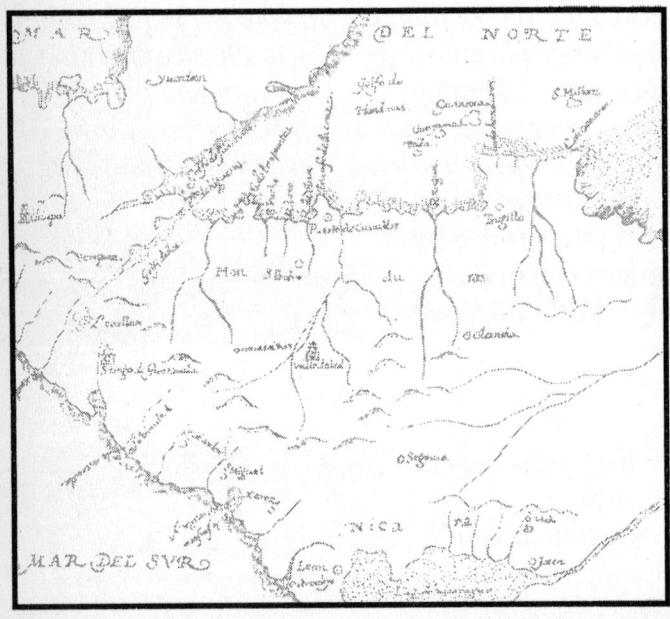

Los impresores y también libreros que figuran en este período fueron Antonio de Espinosa (1559-1576), Pedro Balli (1575-1600) y Antonio Ricardo (1577-1579), pero Juan Pablos tuvo la gloria de haber sido el primer impresor en nuestro país.

Si bien la imprenta en sus inicios publicó sobre todo cartillas y doctrinas en lenguas indígenas para atender la cristianización de los naturales, al término del siglo había cubierto temas de muy diversa índole.

La palabra impresa contribuyó a la difusión de la doctrina cristiana entre los indígenas y apoyó a quienes, como evangelizadores, doctrineros y predicadores, tuvieron la misión de enseñarla; y, a la vez, fue también un medio de difusión de las lenguas indígenas y de la fijación de éstas en las «Artes», así como de los vocabularios de estos dialectos, reducidos por los frailes a caracteres castellanos.

También la imprenta propició, a través de obras de carácter religioso, el fortalecimiento de la fe y de la moral de los españoles que llegaban al Nuevo Mundo. Los impresores incursionaron notablemente en temas de medicina, derechos eclesiástico y civil, ciencias naturales, de navegación, de historia y de las ciencias, propiciando socialmente un alto nivel de cultura en el que destacaron grandes figuras por su aportación al conocimiento universal. Este patrimonio bibliográfico representa para nuestra cultura actual un legado invaluable.

El Rey de Mechoacan visita a Cortes

Los libros prohibidos

La Iglesia católica a mediados del siglo XVI, basada en el derecho de custodia en sus fieles, la integridad de la fe y el desarrollo de las buenas costumbres dedicó parte de sus esfuerzos a eliminar aquellos textos considerados perniciosos.

De aquí se derivó el cuidado y vigilancia que ejerció sobre las ideas y doctrinas que están escritas en los libros, para prohibir aquellos que atentaban contra los principios esenciales de la

doctrina cristiana e influían en la vida de sus seguidores.

El organismo que, dentro de la administración eclesial, se ocupó de este asunto fue la Congregación del Índice de los libros prohibidos, instituida por el Papa Pío V (1566-1572) en 1571. Paulatinamente se fue conformando esta Congregación, y en el lustro 1585-1590 estuvo compuesta por varios cardenales y un prefecto que atendieron los delicados asuntos de los libros: revisaron las obras impresas a través de los consultores, dígase teólogos y profesores de las ciencias acreditadas, atendieron las denuncias sobre los libros sospechosos, y negaron o aprobaron la circulación de los textos que consideraron dañinos para la fe y la moralidad de los cristianos, y que quedaron registrados en dicho catálogo.

Paulo IV (1555-1559) ordenó a los inquisidores que elaboraran un índice de los libros prohibidos. En él se señalaban las sanciones a las que se hacían acreedores quienes los leyeran o editaran. Estas consistían principalmente en la excomunión, que incapacitaba a los creyentes para obtener los oficios y beneficios eclesiásticos y los condenaba a infamia perpetua. El índice estaba compuesto por tres partes: la primera señalaba los nombres de los autores, la segunda los libros proscritos y la tercera los títulos de los libros anónimos.

Antes de que apareciera la imprenta, el control de escritos se hizo por medio de los decretos que la

Iglesia emitía con carácter de censura. En estos mencionaba aquellos documentos cuya lectura prohibía por considerarla peligrosa. Años más tarde el Papa Alejandro VI (1492-1503) obligó, bajo tremendas penas, a los impresores de Colonia, Maguncia, Treveris y Magdeburgo a someter a la previa censura de la legítima autoridad eclesiástica, todo cuanto pre-

La colonia

tendían editar. Con ello se aseguraba, en parte, el control total de los libros perniciosos.

Más tarde, bajo la autoridad del Papa León X (1513-1521), se pensó en elaborar el índice de libros prohibidos, marcando el inicio de estos catálogos cuyo contenido eran las obras proscritas por la Iglesia. Notables son los *Índices de Venecia* (1543) y el

de Lovaina (1546). Luego debido al control de la Iglesia, cada vez mayor en el mundo occidental, aparecieron otros en España, Colonia, París y Florencia.

En el universo de los libros censurados, la Inquisición o Santo Oficio jugó un papel preponderante. Esta institución se originó en el pontificado de Gregorio IX (1227-1241) con el propósito de cortar la herejía de los albigenses, cátaros y otras sectas y, al mismo tiempo, contar con un organismo que velase por la salud espiritual de los fieles.

La Inquisición fue conocida en España antes del reinado de Fernando e Isabel, ya que en 1478 el Pontífice Sixto IV (1471-1484) autorizó se escogieran dos o tres varones probos que hicieran los trabajos de inquisición en cualquier parte de España. En 1480 por Cédula Real de 17 de septiembre, quedó establecido el Santo Oficio, y en 1483, fray Tomás de Torquemada fue nombrado primer Inquisidor General.

La colonia

De España se transfirió a estas tierras el concepto de Santo Oficio con sus funciones específicas, y el 27 de junio de 1535 fue nombrado fray Juan de Zúmarraga, primer obispo de México, Inquisidor de la Nueva España.

Después fueron nombrados otros inquisidores cuyas funciones, paulatinamente, definieron y afirmaron como lo exigía el entorno político social y religioso en el que se desarrollaban estas tierras. Los inquisidores trataron siempre y fundamentalmente, de impedir que se propagaran los errores contra la fe y las buenas costumbres.

En un principio el Santo Oficio mexicano tomó medidas para evitar, en cuanto fuera posible, entrasen los libros que propagaban, sobre todo la herejía luterana en estos reinos de la Nueva España. Las medidas adoptadas de cuidadosa vigilancia sobre los libros que venían de España, no evitó la introduc-

ción y circulación de los textos prohibidos, pero sí logró aminorar el número de éstos.

Para controlar las entradas al país de estas ediciones se ordenó a los comisarios que al arribar los barcos se hiciera un examen minucioso de los libros que llegaban. Se dio instrucciones a los revisores de  las aduanas, que pidieran a los dueños de los libros una lista detallada de los mismos y que cotejaran ésta con aquellos.

Si se detectaba algún libro de dudosa ortodoxia se enviaba a los calificadores del Santo Oficio para su evaluación y posible censura. Allí el libro era examinado por dos o más censores; si se consideraba inofensivo se devolvía a su dueño, de lo contrario era condenado a ser expurgado y se le retenía hasta tanto hubiera sufrido la debida censura. Esta tarea consistía en tachar algún párrafo o texto del libro con el fin de limpiarlo de errores morales y dogmáticos.

Ciertamente había licencias, dadas por el Santo Oficio, para retener libros prohibidos *in totum* según las circunstancias meritorias. En los conventos que gozaban de estas licencias, dichos libros se guardaban en una estancia separada de las otras que se conocía con el nombre de «infiernillo» para indicar lo indeseables y perniciosas que eran tales ediciones.

La atracción por lo prohibido

Los poseedores y lectores de estos libros siempre se las ingeniaron para evitar al Santo Oficio y poder conservar los libros prohibidos, sobre todo en el siglo XVIII. Los eclesiásticos, los particulares, los mercaderes, los libreros, los funcionarios del gobierno y los médicos, fueron fundamentalmente quienes deseaban obtenerlos con más frecuencia.

La categoría de los libros prohibidos era tasada según criterios sostenidos por la Iglesia, en la Constitución «Divini Gregis» emitida el 24 de mazo de 1564 por el Papa Pío IV (1559-1565). Estas normas se sostuvieron vigentes hasta 1929 y fueron la base para etiquetar los libros prohibidos señalados en los 30 índices publicados desde 1590 a 1948. Tres índices salieron en el siglo XVI, otros tres en el siglo XVII; siete en el siglo XVIII; seis en el siglo XIX, y once en el siglo XX.

Las diversas categorías de los libros prohibidos se hallan enumeradas en las 16 reglas que, a partir de 1640, figuran en los índices de libros prohibidos de España.

Las 16 reglas pueden resumirse en cuatro grupos: el primero contempla las obras contrarias a la fe católica, es decir los escritos heréticos que se ocupan de

los dogmas y la moral cristiana; en este apartado se incluyen los textos de la Sagrada Escritura con corte polémico, escritos en lengua vulgar.

El segundo grupo abarca las obras que tratan sobre nigromancia y astrología que fomentan la superstición y los falsos valores morales; en este apartado se hallan también los libros que tratan cosas lascivas y de amores que dañan directamente las costumbres cristianas.

El tercer grupo contempla todas las obras publicadas sin nombre del autor, impresor y sin señalar el lugar y la fecha de edición, y que contengan doctrinas dañinas para la fe y moral cristiana. Finalmente, el cuarto grupo comprende a las obras completas o fragmentos de ellas, y que atentan contra la buena reputación del prójimo, sean eclesiásticos o civiles.

La Iglesia, defensora de la fe de sus súbditos, se preocupó desde los primeros siglos de su existencia de impedir que circularan tanto los escritos o piezas documentales como los libros, que dañaran la fe y moralidad católica. El Santo Oficio o Inquisición fue el organismo que, originándose en Europa, vino a Nueva España para sostener los criterios empleados en España.

Los países no siempre se apegaron a los criterios indicados por la Iglesia y en ello tuvo que ver mucho la relación estrecha o distante entre el rey y el pontífice.

Los libros prohibidos, catalogados en los diversos índices, señalan el fuerte interés que tuvo la Iglesia porque el libro no fuera portador de doctrinas dañinas que afectaran las creencias y el mundo espiritual de los fieles.

En la historia del libro y también en la historia de la imprenta, no faltará la presencia de la Iglesia Católica como árbitro que señala la ortodoxia o heterodoxia de los impresos; los primeros para que puedan circular sin obstáculos y los segundos para condenarlos y evitar que llegaran a las manos de los fieles cristianos.

Los libros que abordaban temas de fe o de costumbres en las diversas épocas de nuestra historia tuvieron que pasar, en su mayoría, por la censura de la Iglesia. Ésta como protectora y fiel custodia de la fe se consideraba con el deber de que ningún libro pusiese en peligro y en duda la doctrina de Jesucristo o que dañase las buenas costumbres marcadas por la tradición y los mandamientos de la Ley de Dios.

El mundo de los libros prohibidos y los índices de éstos, responden precisamente al papel de madre y maestra que la Iglesia ha jugado, no obstante los incontables acuerdos y desacuerdos entre los autores a través de los siglos acerca de este tema.

¡Piratas!

Según Germán Arciniega, la palabra pichilingue se deriva del inglés *speak in English*, que era la orden dada a los asustados nativos de las costas del Pacífico, quienes, además de asaltados y ultrajados, supuestamente tenían que conocer la lengua de Shakespeare. Una segunda definición del término fue dada por el historiador sinaloense Pablo Lizárraga, quien asegura que procede del náhuatl y se deriva de *pichihuila*, una variedad

de pato migrante que presenta un aspecto más bien claro: sus ojos y las plumas que los rodean dan la impresión de que se trata de un ave rubia.

No es equivocado pensar que los piratas, nórdicos en su mayoría, serían igualmente rubios. Las apariciones de los pichilingues en los litorales, generalmente en pequeñas calas con aguas lo suficientemente profundas para que en ellas pudieran anclar y en sitios relativamente protegidos, ha dado lugar a la presencia de playas llamadas pichilingues en algunas costas de América del Sur y, recurrentemente, en México.

La tercera teoría es igualmente válida. Procedía un gran número de los piratas —nombre genérico para los hombres que desempeñaban este género de actividades— específicamente en el siglo XVII, del puerto holandés de Vlissinghen. En suma, el origen de la palabra sigue siendo tan elusivo como los individuos a los que se refería, sobre todo a lo largo del siglo XVII y principios del siglo XVIII.

Habiendo penetrado al Pacífico circunnavegando por el estrecho de Magalla-

nes, pronto empezaron los
conflictos con los españoles, dueños del llamado
«lago español», y la codicia
y enemistad de ingleses y
flamencos. El primer pichilingue holandés que cruzó
este océano fue Oliver van
Noort en el año de 1597.

Van Noort era un tabernero, antiguo hombre de mar,
quien con su propia flota con cuatro barcos y 240
hombres hizo atroces saqueos y pillajes en el Pacífico sudamericano, mas no llegó a las costas de la Nueva España. Su final fue posiblemente el merecido:
murió en la horca en Manila.

En 1614 llegaron a la Nueva España noticias de
que se aproximaba el peligro holandés. En agosto
de ese año la Compañía de las Indias Orientales había enviado cuatro grandes barcos corsarios (esto es
que tenían «patente de corso» de sus gobiernos) y
dos «jachts» en una «misión comercial» alrededor
del mundo. La pacífica misión estaba reforzada por
el fuerte armamento a bordo
de los barcos que encabezada
el Groote Sonne y el Groote
Mann.

A la cabeza de dicha misión
estaba el prestigioso almirante —prototipo del corsario—

La colonia

Joris van Spielbergen. El refinado navegante, nacido en 1568, era un hábil diplomático a quien le gustaba que su barco insignia estuviera elegantemente amueblado y aprovisionado con los mejores vinos. Cuando comía, lo hacía con la orquesta de a bordo y un coro de marinos como fondo musical. Sus hombres usaban magníficos uniformes. Tenía Spielbergen una comisión especial de los Estados Generales y del príncipe Mauricio Orange. Es muy probable que entre las órdenes secretas estuviera la de capturar un galeón. El ilustre navegante pichilingue hizo su intempestiva aparición en las costas de la Nueva España a fines de 1615.

La colonia

Después de tremendos combates contra la marina española en el Pacífico sudamericano, en los que su flota resultó prácticamente intocable, con pocas pérdidas humanas y sus barcos escasamente dañados, los pichilingues se dirigieron hacia el norte; sin embargo, Nueva España estaba preparada esperando al holandés. En junio de 1615, el virrey Márques de Guadalcázar ordenó al alcalde mayor de Acapulco que fortaleciera las defensas del puerto con trincheras y cañones. Un destacamento de caballeros se unió voluntariamente para combatir con decisión al enemigo.

Frente a Acapulco

En la mañana del 11 de octubre amaneció la flota holandesa frente a la entrada de la bahía. Penetrando descaradamente en ella, los navíos anclaron ante el improvisado fuerte después del mediodía. Fueron recibidos con una salva de cañonazos que causaron poco efecto. Además, Spielbergen estaba decidido a destruir el pueblo si era preciso, pues necesitaba agua y alimentos. Al fin se declaró una tregua y subieron

La colonia

a bordo Pedro Álvarez y Francisco Méndez, quienes habían servido en Flandes por lo que conocían el idioma holandés.

Spielbergen ofreció a cambio de las muy necesitadas provisiones, liberar a los prisioneros que habían hecho en las costas del Perú. Se llegó a un acuerdo y, curiosamente, durante una semana, Acapulco se convirtió en un animado centro de reunión entre pichilingues y españoles. El comandante fue recibido a bordo con honores y un desfile de marinos perfectamente uniformados, mientras que el joven hijo de Spielbergen pasaba el día con el alcalde mayor del puerto. Un civilizado encuentro que contrastaría con las subsecuentes aventuras del holandés en las costas al norte de Acapulco. Previsoriamente, Spielbergen mandó hacer un plano del puerto.

El virrey, temiendo que se apresara al Galeón de Manila que estaba por llegar, envío nada menos que a Sebastián Vizcaíno con 400 hombres para proteger los puertos de Navidad y Salagua, y el gobernador de Nueva Vizcaya mandó otro destacamento a la costa de Sinaloa bajo las órdenes de Villalba, quien tenía instrucciones precisas de evitar desembarcos enemigos.

En el camino, Spielbergen se apoderó del barco perlero San Francisco, entonces cambió el nombre de la nave por el de Perel (perla). En un próximo desembarco en Salagua esperaba Vizcaíno a los pichilingues y después de una batalla que resultó poco favorable a los españoles, Spielbergen se retiró a Barra de Navidad, o más posible a Tenancatita, donde pasó con sus hombres cinco días de asueto en la agradable bahía. Vizcaíno, en su reporte al virrey, hace mención de las cuantiosas pérdidas de los enemigos y como prueba le envía las orejas que había cortado a un pichilingue. Vizcaíno describía a algunos de los «pichilingas» que había tomado prisioneros como «hombres jóvenes y correctos, algunos de ellos irlandeses,

con grandes rizos y aretes». Los irlandeses habían sido atraídos a la armada de Spielbergen creyendo que iban en una misión de paz.

En Cabo Corrientes, Spielbergen decidió no perder más tiempo en las aguas de la Nueva España y se dirigió al sur. Unos días después, el Galeón de Manila pasaba frente al Cabo. Spielbergen murió en la pobreza en 1620. Al poco tiempo se iniciaría la muy necesaria construcción del Fuerte de San Diego en Acapulco para proteger mejor al puerto de los ataques piratas.

Contra el Imperio español

En 1621, una supuesta tregua entre Holanda y España llegó a término. Los holandeses estaban preparados para enviar la flota más poderosa que apareciera en el Pacífico, conocida como la Flota de Nassau «Nasao» por el príncipe, su patrocinador. Su verdadero propósito era aniquilar la preponderancia española en este océano. Se apoderaría además de los ricos galeones y saquearía las ciudades. La flota salió de Holanda en 1623 cargada con 1626 pichilingues comandados por el famoso almirante Jacobo L. Hermite, quien falleció en las costas del Perú. Entonces asumió el mando el vicealmirante Hugo Schapenham, quien pasó por alto el  Fuerte de Acapulco, pues el castellano no aceptó los ruegos del pirata que carecía de agua y provisiones, por lo que la gran flota tuvo que alejarse hacia la playa, que hoy se conoce como Pichilingue, para aprovisionarse.

Como allí los esperaba un destacamento de españoles, los holandeses tuvieron que levar anclas hacia Zihuatanejo donde esperaron inútilmente a la «ansiada presa»: el elusivo galeón. Sin embargo, la supuestamente invencible Flota de Nassau fracasó ignominiosamente, en ella se habían cerrado esperanzas ilimitadas e invertido millones de florines. La era de los pichilingues supuestamente lle-

gó a término con la Paz de Westfalia en 1649, no obstante, el término pichilingue quedó acuñado para siempre en la historia de la piratería y en el vocabulario castellano.

El Pacífico dejó de serlo, según anota el cronista Antonio de Robles (1654-172).

1685: «Noviembre, 1⁰. Este día vino nueva de estar a la vista el enemigo con siete navíos» «Lunes 19. Vino nueva de haberse visto velas por la Costa de Colima de enemigos y se tocó plegaria» «Diciembre 1⁰. Vino correo de Acapulco con nueva de como se fueron los enemigos al Cabo Corrientes y que por dos veces intentaron entrar en el puerto y que los rechazaron».

1686: «Febrero 12. Vino nueva de Compostela de haber echado gente y haber hecho carne y agua llevándose a cuatro o seis familias: piden rescate».

La colonia

1688: «Noviembre 26. Vino nueva como en Acaponeta entró el enemigo y se llevó cuarenta mujeres, mucha plata y gente y un padre de la Compañía y otro de la Merced».

1689: «Mayo. Domingo 8. Vino nueva de como le cortaron las orejas y las narices los ingleses al padre fray Diego de Aguilar, instando por el rescate de los nuestros que si no morían».

El cronista se refiere en este caso a los pichilingues-bucaneros ingleses Swan y Townley, quienes asolaron la costa noroeste de Nueva España esperando inútilmente un galeón.

Las playas del Pacífico, sus puertos y aldeas de pescadores sufrieron constantemente el asedio de los pichilingues, mas éstos no lograron la ansiada meta de atrapar un Galeón de Manila hasta el siglo siguiente. A pesar de que obtuvieron botines, también se llevaron grandes chascos. Al atrapar al navío Santo Rosario que llevaba las bodegas repletas de barras de plata, los ingleses creyeron que se trataba de estaño y las echaron por la borda. Uno de ellos guardó un lingote como recuerdo. Al volver a Inglaterra, descubrió que era plata maciza. ¡Habían tirado más de 150 mil libras de plata al mar!

Entre los pichilingues que dejaron mayor huella en una porción específica de la Nueva España destaca Cromwell, el famoso «Coromuel», que estableció su cuartel general entre La Paz y Los Cabos, en Baja California. Su nombre ha quedado en el viento que lo conmemora, «el coromuel», que aprovechaba para navegar y dar caza a algún rico galeón o barco perlero. Su reducto era la playa que lleva el nombre de Coromuel, cerca de La Paz.

Cromwell dejó una de sus banderas o «joli roger» en esta remota y mágica región. Hoy está en el Museo del Fuerte de San Diego. Coromuel, el hombre, desapareció misteriosamente, no así su recuerdo.

De chile, dulce y manteca

Fue en la época colonial donde se estableció un sistema de linaje o de raza, que dividió a los habitantes de la Nueva España según el color de su piel y la mezcla de razas de la que era resultado.

En la cúspide de la pirámide racial estaban los españoles «peninsulares», es decir, los que habían nacido en España. El siguiente nivel, de rango inferior, eran los blancos hijos de españoles pero ya nacidos en América, llamados criollos.

El tercer elemento lo componían las castas, es decir, las mezclas de indios, blancos, negros y sus respectivos descendientes. Aunque las castas formaban una jerarquía racial, que coincidía con escalas económicas y sociales, la clasificación de castas no era oficial, ni existía prohibición legal para la celebración de matrimonios entre representantes de distintos estratos.

Los nombres y mezclas eran los siguientes:

- Hijo de español e india: MESTIZO
- De española y mestizo: CASTIZO
- De español y negra: MULATO
- De español y mulata: MORISCO
- De español y morisca: CHINO o ALBINO
- De español y albina: SALTA PA'TRÁS
- De indio y salta pa'trás: LOBO

La colonia

- De lobo y china: JÍBARO
- De lobo e india: ZAMBAIGO
- De zambaigo e india: CAMBUJO
- De zambaigo y loba: CALPAMULATO
- De cambujo y mulato: ALBARAZADO
- De calpamulato y cambuja: TENTE EN EL AIRE
- De tente en el aire y mulata: NO TE ENTIENDO
- De albarazado y mestiza: BARNOCINO
- De barnocino y mulata: COYOTE
- De no te entiendo e india: TORNA ATRÁS
- De indio y mestiza: COYOTE
- De coyote e india: CHAMIZO
- De chamizo y mestiza: AHÍ TE ESTÁS
- De negro con india: JARACHO
- De indio con negra: ZAMBO
- De negro con zamba: ZAMBO PRIETO
- De blanco con mulata: TERCERÓN O CUARTERÓN CUATRALBO

El mar de Cortés

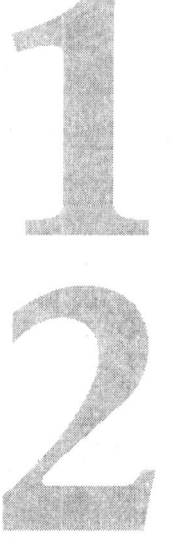

Cristobal Colón parece ser el primero que tuvo noción de esta península, sin él mismo saberlo, ya que se hablaba de una isla fantástica habitada sólo por mujeres, por lo que, entre la leyenda, se relacionaba con Calafia, reina mitológica de las amazonas, nombre del cual parece provenir California.

Continúa así por espacio de un cuarto de siglo hasta que es descubierta por Fetún Jiménez y luego por Hernán Cortés, quien no la relaciona con la isla a la que se refería Colón y bautiza al golfo con el nombre de Mar de Cortés, y a la Paz, con el nombre de «Puerto y Valle de la Santa Cruz», por haber desembarcado en ella el 3 de mayo de 1535.

El 17 de Septiembre de 1542, el Capitán Juan Rodríguez Cabrillo se aventura mar arriba y descubre por primera vez el Puerto de Ensenada, al que inicialmente llamó «San Mateo». Al tomar posesión en nombre del Emperador de España, envió a uno de sus oficiales a explorar la región en busca de datos, para constancia del descubrimiento.

En dicha exploración fueron encontrados algunos naturales que contrastaban enormemente con los indígenas del centro del país, ya que eran altos, esbeltos y de gran fortaleza física, que se autonombraban Cochimíes, que significa «Hombres del Norte», habitaban en una región próxima, que actualmente

La colonia

se conoce como «Ejido Sánchez Taboada» (Maneadero). Vivían sencillamente, en chozas de barro y ramas. En estas condiciones, los españoles resultaron algo extraordinario por su físico, vestimenta, lengua y demás detalles totalmente desconocidos para ellos, como lo eran las naves de la cuales desembarcaron, considerándolos casi dioses. Según Rodríguez Cabrillo, los indígenas alcanzaban un número aproximado de cinco mil en la región hasta entonces vista por ellos.

Casi 60 años después, El Capitán Sebastián Vizcaíno, conocido por su ansia de aventura, remontó la larga península de las Californias, no dejando ninguna bahía, caleta o ancón sin tocar; dio el nombre a la bahía de Ballenas, localizada frente a la Isla de Cedros, por la peculiaridad de ser ahí donde las ballenas acuden a procrear; continuando hacia el norte encuentra la Ensenada de San Mateo. En virtud de no en-

contrar algunas de las variantes que Cabrillo señalaba en su carta, decidió dar un nuevo nombre a la enorme rada y la llamó Bahía de Todos Santos, por haber llegado el 1º de Noviembre de 1602. Es probable que haya desembarcado en lugar diferente de Cabrillo, ya que en sus cartas no menciona la existencia de naturales.

Fueron muchos los aventureros que trataron, sin éxito, de conquistar las Californias, pero es un grupo de nobles misioneros Jesuitas, Franciscanos y Dominicos, quienes logran algo positivo de los indígenas de la región, al introducir su doctrina, enseñanzas prácticas de agricultura y ganadería, y la construcción de misiones, con el fin de atraerlos y formar núcleos de población alrededor de las mismas.

¡A la hoguera los herejes!

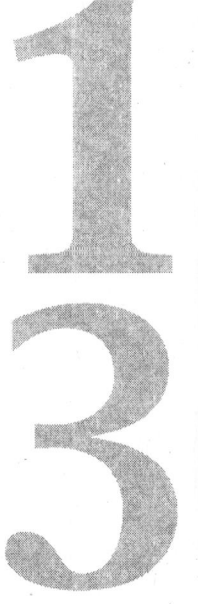

Fue el Concilio de Tolosa, para acabar de destruir la herejía maniquea heredada de Persia, el que dio lugar a la creación de los llamados «inquisidores de la fe» en 1229, que daría lugar después al llamado Tribunal del Santo Oficio, cuya función fue destruir cualquier signo que fuera contra la religión católica, llegando a convertirse en una de las policías más crueles y severas de cuantas han existido.

Sin embargo, la Inquisición o el Tribunal del Santo Oficio no entró en los reinos de Castilla y León sino hasta 250 años después de que se había establecido en toda Europa. Antes, la vigilancia de los obispos y de otros prelados de la iglesia había sido suficiente para reprimir la herejía, de hecho, hasta la segunda mitad del siglo XV se toleraba que moros y judíos celebraran su culto pacíficamente. Tanto las mezquitas como las sinagogas gozaban de fueros y eran protegidas en sus derechos.

En América, el Tribunal del Santo Oficio se estableció por primera vez en la isla de Santo Domingo, llamada en aquel entonces La Española, gracias a que el cardenal Adrián de Utrech, regente del reino e inquisidor general de España, extendió el nombramiento de inquisidor de todas las tierras descubiertas y a descubrir a don Pedro de Córdoba, residente de Dominicana.

Tres años después de consumada la Conquista de la Nueva España, fray Martín de Valencia, franciscano evangelizador, fue nombrado por Pedro de Córdoba comisario de la Inquisición en México. Aunque los franciscanos no tenían ni bula ni permiso para

La colonia

ejercer ese oficio que era y había sido siempre privilegio exclusivo de los dominicos. Ese primer inquisidor ejerció suavemente el empleo, hasta que a la muerte de Córdoba, llegó de España fray Vicente de Santa María, un dominico.

En 1535 el inquisidor general de España y arzobispo de Toledo, Alfonso Manrique, expidió el título de inquisidor apostólico al primer obispo de México, Juan de Zumárraga. Aunque este no creyó prudente establecer aún la Inquisición en México, cometió el tremendo error de formar proceso a un indio, señor principal de Texcoco, bautizado ya con el nombre de Carlos y nieto de Nezahualcóyotl, a quien acusó de

seguir sacrificando víctimas a sus dioses. El inquisidor apostólico lo mandó a quemar vivo en la plaza pública el 30 de noviembre de 1539 para convertirlo en la primera víctima del Santo Oficio en la Nueva España. Zumárraga recibió regaño y castigo porque en las disposiciones reales y las reglas del Santo Oficio, se estipulaba que no se podían ejercer rigor ni pena contra los cristianos nuevos de la raza india.

Sin embargo, no fue hasta 1571 que el doctor Moya de Contreras, inquisidor mayor de la Nueva España estableció en México el Tribunal de la Fe, este año, se considera oficialmente, como el del establecimiento del Santo Oficio en México.

Fray Tomás de Torquemada, pariente de Juan de Torquemada, el ilustre fraile que se ocupó de la historia indiana de México, fue uno de los más crueles inquisidores

La colonia

de España. Fue él quien desarrolló las reglas más crueles y estrictas para el Santo Oficio, reglas que se siguieron al pie de la letra en México. Entre sus disposiciones estaba que el secreto de los testigos fuera inviolable, que se adoptara el tormento y la confiscación de bienes, que en un corto período de gracia los acusados se denunciaran a sí mismos y abjuraran de sus errores, que se recibieran las denuncias de padres contra hijos y de hijos contra padres y que se permitiera la separación del derecho común y del orden de proceder en todos los tribunales conocidos.

Luis González Obregón calcula que se pronunciaron 51 sentencias de muerte en los 235 ó 242 años en los que funcionó en México el Santo Oficio, pero esta puede ser una conjetura: Llorente dice, por ejemplo, que sólo en 1481 hubo 21 mil procesos y hasta quienes sostienen que la Inquisición no quemó a nadie en tierras mexicanas. Sin embargo, es muy probable que todos se equivoquen o que el más aproximado en sus cálculos sea González  Obregón ya que, por ejemplo, en el caso contra Luis de Carvajal, uno de los más célebres de México, murieron ocho personas, siete de ellas en la hoguera y una en el garrote vil.

Las penas impuestas a los reos de delitos que no se castigaban con la muerte eran generalmente «el auto, vela, soga y mordaza y abjuración de Levi», y a veces también el destierro. Eran de rigor, eso sí, 100 ó 200 azotes. Entre los delitos figuraban no sólo el renegar de Dios, de sus santos y la Virgen, sino que también el amancebamiento, la fornicación y la sodomía.

La indumentaria denunciaba al reo y así lo segregaba: a los

La colonia

judaizantes, por ejemplo, se les condenaba a llevar ad perpetuum, un hábito penitencial amarillo con dos aspas coloradas de San Andrés: es lo que llamaban el sanbenito. Remataba el atuendo un gorro de papel en forma cónica, color azafrán. Para indicar que un preso iba hacia las cárceles del Santo Oficio se decía que «se lo habían llevado en la calesita verde».

Durante la Colonia al edificio de la Inquisición, después la Escuela de Medicina, se le llamó la «casa de la esquina chata». El Patio de los Naranjos era el de las prisiones y estas celdas medían, por lo general, 16 pasos de largo y 10 de ancho, contaban con dos puertas de un grosor bastante importante, un agujero con rejas dobles donde entraba escasamente la luz y una tarima de azulejos que hacía las veces de cama.

Las cortes generales y extraordina-

rias que decretaron en España la abolición de la Inquisición, sesionaron el 8 de diciembre de 1812, y el decreto se pronunció en México en 1813, sin embargo quedó definitivamente abolida hasta 1820.

La Nao de China

«Entre una flota y otra se despide de regalos cargada la que viene, la que se va del precio que las mide.»

En 1521, Fernando de Magallanes, navegante portugués al servicio de España, descubrió en su famoso viaje de circunnavegación un inmenso archipiélago al que dio el nombre de San Lázaro. Para ese entonces con el beneplácito del papa Alexandro VI, Portugal y España se habían repartido el Nuevo Mundo apenas descubierto 29 años atrás. La dominación de

la Mar del Sur —el Océano Pacífico— era de vital importancia para ambos poderosos reinos, ya que quien lograra tal hazaña sería, sin cuestionamiento, «El dueño del Orbe».

Europa había conocido y gustado desde el siglo XIV del refinamiento de los productos orientales y en algunos casos de la importancia estratégica de su posesión, por lo que el descubrimiento y la colonización de América replanteó la necesidad de establecer el tan deseado contacto permanente con el imperio del Gran Kan, el dueño de las islas de las especierías, las sedas, las porcelanas, los exóticos perfumes, las gigantescas perlas y la pólvora.

El comercio con Asia había representado para Europa una aventura fascinante a partir de las noticias y evidencias ofrecidas por Marco Polo, de ahí que cualquier producto proveniente de aquellas remotas tierras no sólo era altamente codiciado, sino también adquirido a precios exorbitantes.

Por su posición geográfica, la Nueva España era el sitio ideal para intentar establecer el tan anhelado contacto, ya que lo que España había pretendido al enviar a Andrés Niño en 1520, y a Jofre de Loaiza en 1525, bordeando África y adentrándose por el Océano Indico, aparte de resultar viajes inmensamente costosos, se habían traducido en rotundos fracasos; por ello, Hernán Cortés y Pedro de Alvarado, apenas terminada la conquista de México, costearon la construcción de varias naves que fueron armadas en Zihuatanejo con los mejores materiales.

Fueron éstas las dos primeras expediciones que intentarían desde la Nueva España llegar a las costas Orientales; sin embargo, y a pesar de las perspectivas de éxito ambas fracasaron por diferentes razones apenas adentradas al Océano Pacífico.

Tocó al virrey don Luis de Velasco (padre) intentar nuevamente en 1542 el temerario proyecto. Así, costeó la construcción de cuatro naves mayores, un bergantín y una goleta, que al mando de Ruy

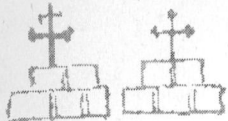

López de Villalobos se hizo a la mar partiendo desde puerto de la Navidad con 370 tripulantes a bordo.

Esta expedición logró llegar al archipiélago al que Magallanes había llamado San Lázaro y que entonces fue rebautizado con el nombre de «Filipinas», en honor del entonces príncipe heredero.

Sin embargo, el «torna viaje» o «torna vuelta» seguía constituyendo el problema medular de tales empresas, por lo que durante algunos años el proyecto quedó suspendido para ser revisado, tanto en la Metrópoli, como en la capital del virreinato de la Nueva España; finalmente Felipe II entronizando, ordenó en 1564 al virrey de Velasco preparar una nueva armada a cuyo frente estarían don Miguel López de Legazpi y el monje Agustino Andrés de Urdaneta, quien finalmente estableció la ruta para regresar al punto de partida.

Con el éxito obtenido a partir del retorno a Acapulco del Galeón

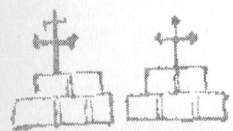

San Pedro, la nave comandada por Urdaneta, Europa y el Extremo Oriente quedarían enlazados comercialmente por México.

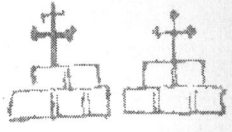

Manila, fundada y gobernada por López de Legazpi, se convirtió a partir de 1565 en territorio dependiente del virreinato novohispano y fue para el Asia, lo que Acapulco para la América meridional: «Ambos puertos reunían una serie de características que los transformaron, sin dudarlo, en los puntos comerciales donde circulaban las mercancías más valiosas de su tiempo.»

De la India, Ceylán, Camboya, Las Molucas, China y Japón se concentraban en Filipinas objetos valiosos de las más diversas materias primas, cuyo destino final era el mercado europeo; sin embargo, la formidable capacidad económica del poderoso virreinato español, que compartía con su homólogo peruano las primi-

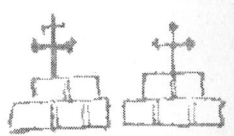

cias desembarcadas en Acapulco, poco dejaba a sus ávidos compradores en el Viejo Mundo.

Los países orientales empezaron a fabricar líneas completas de objetos destinados únicamente a la exportación, en tanto que productos agrícolas como el arroz, la pimienta, el mango... se iban introduciendo y aclimatando paulatinamente en los campos mexicanos. A su vez, Asia recibía cacao, maíz, frijol, plata y oro en lingotes, así como los pesos fuertes acuñados en la Casa de Moneda de México.

Debido a la guerra de Independencia, el comercio con Oriente dejó de practicarse desde el Puerto de Acapulco y se cambió al de San Blas, donde se llevaron al cabo las últimas ferias de las mercaderías provenientes de las legendarias tierras de Gran Kan. En el mes de marzo de 1815 zarpó de playas mexicanas con destino a Manila el Galeón Magallanes, cerrándose oficialmente 250 años de comercio marítimo ininterrumpido entre la Nueva España y el lejano Oriente.

Los nombres de Catharina de San Juan, aquella princesa hindú que llegara a radicarse en la ciudad de Puebla, la famosa «China Poblana», y el de Felipe de las Casas, mejor conocido como San Felipe de Jesús, quedaron asociados para siempre con el Galeón de Manila, la Nao de China o la nave de las sedas.

Las leyes de los indios

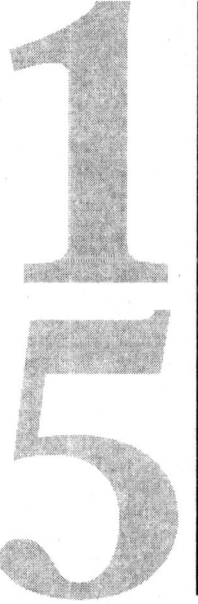

Desde inicios del XVI, se habían dictado innumerables leyes casuísticas y variables para satisfacer las necesidades del gobierno, como las propias de la vida económica y social. Llegó un momento en que surgió un desorden legislativo por la complejidad y número de leyes, ya difíciles de aplicar y conocer. De esta manera hubo que rescatarlas y ordenarlas.

El interés de los Habsburgo por reunir las disposiciones legales, hechas para América, generó la publicación de una obra

en España: la Recopilación de las leyes de los Reinos de Indias (1681), compendio de carácter oficial, que contuvo el derecho vigente de aquel momento y que rescataba casi por completo su formulación original. Más de un siglo llevó su proceso de creación y correspondió a Carlos II (El Hechizado), último rey de aquella dinastía, promulgarla.

La Recopilación de las Leyes reunió las pragmáticas y cédulas reales, los autos acordados, las ordenanzas, así como cualquier otra fuente legal, con registros de quiénes las habían puesto en vigor y cuándo se originaron; constituyó así un cuerpo legal del conjunto de disposiciones legislativas reunidas.

Cronología

Apéndice

1524. Llegada de los doce frailes franciscanos.

1528. Carlos V estableció en la Nueva España la primera audiencia que asumió los poderes judiciales y gubernativos.

1539. Fue introducida la primera imprenta.

1522 - 1536. Se dieron una serie de expediciones con el fin de afianzar y extender el dominio español: Cortés al Pánuco, Gonzalo Sandoval a Coatzacoalcos,

La colonia

Luis Marín a Oaxaca y Chiapas, Pedro de Alvarado a Guatemala, Olid a Zacatula y Michoacán, Nuño de Guzmán a la zona Noroeste que más tarde sería el Reino de Nueva Galicia.

1551. Apertura de la Real y Pontificia Universidad de México, que tuvo los mismos privilegios de la Universidad de Salamanca, contaba con cinco facultades.

1566. Conspiración de Martín Cortés; al ver los conquistadores que la Corona Española iba centralizando las decisiones y el poder, se vieron despojados de sus privilegios y decidieron levantarse.

1571. Fundación del Tribunal del Santo Oficio.

1651. Nace en San Miguel Nepantla Sor Juana Inés de la Cruz, notable poetisa mexicana.

1692. Motín de la Ciudad de México. La plebe incendió el palacio de los virreyes y el ayuntamiento.

Gobiernos durante la mitad de la colonia

Apéndice

GOBIERNOS ANTERIORES AL VIRREINATO

1519-1524. Hernán Cortés
1524-1527. Alfonso de Estrada, Luis Ponce de León, Marcos de Aguilar
1527-1535. Nuño Beltrán de Guzmán, Gonzalo de Salazar-Sebastián, Ramírez de Fuenleal

EL VIRREINATO

Virreyes de la Nueva España durante el Gobierno de la Casa de Austria con Carlos I

La colonia

1535-1550 1º virrey Antonio de Mendoza
1550-1564 2º virrey Luis de Velasco (padre)

Virreyes de la Nueva España durante el Gobierno de la Casa de Austria con Felipe

1566-1568 3º virrey Gastón de Peralta
1568-1580 4º virrey Martín Enríquez de Almanza
1580-1583 5º virrey Lorenzo Suárez de Mendoza
1584-1585 6º virrey Pedro Moya de Contreras
1585-1590 7º virrey Álvaro Manrique de Zúñiga
1590-1595 8º virrey Luis de Velasco (hijo)
1595-1603 9º virrey Gaspar de Zúñiga y Acevedo

Virreyes de la Nueva España durante el Gobierno de la Casa de Austria con Felipe III

1603-1607 10º virrey Juan de Mendoza y Luna
1607-1611 11º virrey Luis de Velasco (hijo)
1611-1612 12º virrey Fray García Guerra
1612-1621 13º virrey Diego Fernández de Córdoba

Virreyes de la Nueva España durante el Gobierno de la Casa de Austria con Felipe IV

1621-1624 14º virrey Diego Carrillo de Mendoza y Pimentel
1624-1635 15º virrey Rodrigo Pacheco y Osorio
1635-1640 16º virrey Lope Díez de Armendáriz

La colonia

1640-1642 17° virrey Diego López Pacheco Cabrera y Bobadilla
1642 18° virrey Juan Palafox y Mendoza
1642-1648 19° virrey García Sarmiento de Sotomayor
1648-1649 20° virrey Marcos Torres y Rueda
1650-1653 21° virrey Luis Enríquez de Guzmán
1653-1660 22° virrey Francisco Fernández de la Cueva
1660-1664 23° virrey Juan de Leyva de la Cerda
1664 24° virrey Diego Osorio de Escobar y Llamas
1664-1672 25° virrey Sebastián de Toledo Molina y Salazar

La colonia I
Tipografía: *Times Editores*
Negativos de portada e interiores: *Formación Gráfica*
Impresión de portada: *QGraphics S.A. de C.V.*
Esta edición se imprimió en agosto de 2001,
en *Impresión Arte Ote. 182 No. 387 México D.F. 15530*

DOBLAR Y PEGAR

SU OPINIÓN CUENTA

Nombre..

Dirección..

Calle y núm. exterior..............................interior...................

Colonia....................................Delegación........................

C.P...................Ciudad/Municipio......................................

Estado...País...........................

Ocupación...Edad....................

Lugar de compra..

Temas de interés:

- ☐ *Empresa*
- ☐ *Superación profesional*
- ☐ *Motivación*
- ☐ *Superación personal*
- ☐ *New Age*
- ☐ *Esoterismo*
- ☐ *Salud*
- ☐ *Belleza*

- ☐ *Psicología*
- ☐ *Psicología infantil*
- ☐ *Pareja*
- ☐ *Cocina*
- ☐ *Literatura infantil*
- ☐ *Literaura juvenil*
- ☐ *Cuento*
- ☐ *Novela*

- ☐ *Cuento de autor extranjero*
- ☐ *Novelas de autor extranjero*
- ☐ *Juegos*
- ☐ *Acertijos*
- ☐ *Manualidades*
- ☐ *Humorismo*
- ☐ *Frases célebres*
- ☐ *Otros*

¿Cómo se enteró de la existencia del libro?

- ☐ *Punto de venta*
- ☐ *Recomendación*
- ☐ *Periódico*

- ☐ *Revista*
- ☐ *Radio*
- ☐ *Televisión*

Otros...

Sugerencias_____
_____
_____

La colonia I

RESPUESTAS A PROMOCIONES COMERCIALES
(ADMINISTRACIÓN)
SOLAMENTE SERVICIO NACIONAL

CORRESPONDENCIA
RP09-0323
AUTORIZADO POR SEPOMEX

EL PORTE SERÁ PAGADO POR:

Selector S.A. de C.V.

Administración de correos No. 7
Código Postal 06720, México D.F.